I0026122

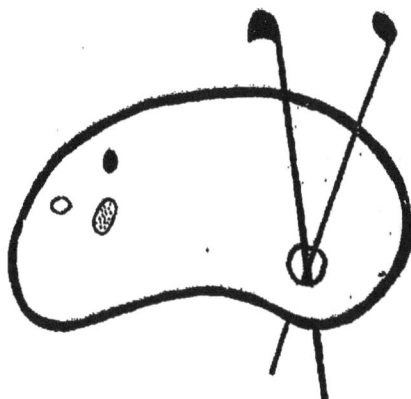

DEBUT D'UNE SERIE DE DOCUMENTS
EN COULEUR

COLLECTION

MEYNIER SAINT-FAL

* * *

MINIATURES

BOITES PRÉCIEUSES

TABLEAUX, OBJETS D'ART & DE CURIOSITÉ

* * *

VENTE

Les 14, 15, 16, 17, 18 & 19 Janvier 1861

EXPOSITIONS:

PARTICULIÈRE. — Le Dimanche 13 Janvier, de 10 heures à 4 heure.

PUBLIQUE. — Le même jour, de 1 heure à 5 heures.

* * *

Mᵉ **CHARLES PILLET**, Commissaire-Priseur.

M. **FEBVRE**, Expert.

RENOU ET MAULDE

IMPRIMEURS DE LA COMPAGNIE DES COMMISSAIRES-PRISEURS

Rue de Rivoli, 144.

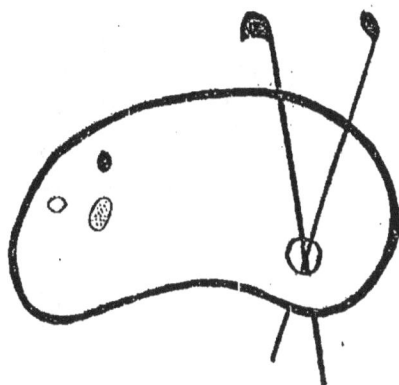

FIN D'UNE SERIE DE DOCUMENTS
EN COULEUR

CATALOGUE

DE LA COLLECTION

DE

M. MEYNIER SAINT-FAL

QUI SERA VENDUE

PAR SUITE DE SON DÉCÈS

ELLE SE COMPOSE DE :

MINIATURES

BOITES PRÉCIEUSES

Émaux, Tableaux, Meubles de diverses époques, Pendules,
Bronzes d'art, Médailles, Pierres gravées, très-beau
Rétable en argent, Porcelaines de Chine et du
Japon, etc., etc.,

DONT LA VENTE AUX ENCHÈRES PUBLIQUES AURA LIEU

HOTEL DES COMMISSAIRES-PRISEURS

Rue Drouot, n° 5

SALLE N° 5

Les Lundi 14, Mardi 15, Mercredi 16, Jeudi 17, Vendredi 18
et Samedi 19 Janvier 1861, à 1 heure très-précise.

Par le ministère de Mᵉ **Charles PILLET**, Commissaire-Priseur,
rue de Choiseul, 11,
Assisté de M. **FEBVRE**, Expert, rue Laffitte, 12,
Chez lesquels se distribue le Catalogue.

EXPOSITIONS :
PARTICULIÈRE. — Le Dimanche 13 Janvier, de
10 heures à 1 heure.

PUBLIQUE. — Le même jour, de 1 heure à 5 heures.

—

1861

DC5417

CONDITIONS DE LA VENTE

—

Elle sera faite au comptant.

Les Acquéreurs paieront, en sus des enchères, CINQ POUR CENT, applicables aux frais.

ABRÉVIATIONS :

I, *ivoire*; C, *cuivre*; A, *argent*; V, *vélin*; P, *porcelaine*, et S, *soie*.

ORDRE DE LA VENTE

—

Le lundi 14, les MINIATURES du n° 1 au n° 100.

Le mardi 15, commencement des BOÎTES ET TABATIÈRES.

Le mercredi 16, la fin des BOÎTES ET TABATIÈRES, et commencement de la 2ᵉ partie des MINIATURES.

Le jeudi 17, la fin des MINIATURES et les OBJETS DIVERS.

Le vendredi 18, les CURIOSITÉS.

Le samedi 19, les TABLEAUX, DESSINS, etc.

NOTA. Le présent Catalogue servira de *carte d'entrée*.

PREMIÈRE PARTIE

DES

MINIATURES

Sur Cuivre, sur Vélin, sur Ivoire & sur Émail.

1 — Portrait de Georges IV, roi d'Angleterre, par
  Mlle Charrin. Signé.   (I.)
2 — Mlle Lavallière.   (I.)
3 — Portrait du général Charette.   (I.)
4 — Portrait du peintre Nicolas Largillière.   (I.)
5 — D'après Van Dyck, personnage hollandais.   (I.)
6 — Trois portraits de seigneurs allemands.   (V.)
7 — Portrait de l'abbé Sicard.   (I.)
8 — Par Bouchardy, 1827, portrait d'homme.   (I.)
9 — Portrait d'une jeune fille.   (I.)
10 — Par Bréa, personnage, époque de la Révolu-
  tion.   (I.)
11 — Par Charlier, la Lecture.   (I.)
12 — Par Mlle de Marcy, 1822, portrait de femme.   (I.)
13 — Par Joislin, portrait de Saint-Just.   (I.)
14 — Dame vénitienne.   (C.)
15 — Jeune femme, époque de la Révolution.   (I.)
16 — Jeune dame hollandaise.   (C.)
17 — Portrait du grand Condé.   (V.)
18 — Portrait d'un savant.   (C.)
19 — Portrait d'une paysanne.   (I.)
20 — D'après Van Dyck, portrait d'un peintre flamand.   (I.)

21 — Jeune dame, époque de l'Empire. (I.)

22 — Dame hollandaise. (C.)

23 — Sainte Madeleine et saint François, deux pendants. (V.)

24 — Diane chasseresse. (I.)

25 — Maréchal de France sous Louis XV. (I.)

26 — Dame de l'époque de Louis XIV. (I.)

27 — Princesse de la maison de France. (I.)

28 — Dame de l'époque de l'Empire. (I.)

29 — Par Sicardi, 1788, bacchante. Cadre argent,
cercle or.

30 — Portrait de Fénelon. (C.)

31 — Par Terburg, personnage hollandais. (C.)

32 — Par Teniers, dame hollandaise. (C.)

33 — Tête de fantaisie. (C.)

34 — Dame de l'époque de Louis XVIII. (I.)

35 — Portrait du comte de Tressan. (I.)

36 — Dame de la cour du Régent. (V.)

37 — Par Palamèdes, officier hollandais. (C.)

38 — Signé Sicurac, 1823, portrait d'un avocat. (I.)

39 — Par Garnier, portrait de Louis XVIII. (I.)

40 — Portrait de Gatius Hugues, ambassadeur en
1640. (C.)

41 — Officier supérieur, époque de Louis XV. (C.)

42 — Portrait de Mlle Dugazon. (P.)

43 — Portrait d'une jeune dame. (P.)

44 — Portrait du peintre Chardin. (I.)

45 — Par Terburg, portrait d'un amiral hollandais. (C.)

46 — Gentilhomme hollandais. (C.)

47 — Dame de l'époque du Régent. (V.)

48 — Portrait de Colbert. (V.)

49 — Personnage hollandais. (C.)

50 — Portrait d'une dame, époque de Louis XIV. (I.)

51 — École de Teniers, portrait d'une jeune fille. (C.)

52 — Dame de distinction, époque de Louis XIV. (C.)

53 — Portrait du duc d'Antin. (V.)

— 5 —

84 — Dame de l'époque de Louis XIII. (C.)

85 — Très-belle miniature ancienne sur vélin, d'après Raphaël. La Vierge tient sur ses genoux l'Enfant Jésus, qui offre des fleurs à saint Joseph. Signé Van Orley.

86 — Portrait de dame de la cour de Louis XIV; émail sur or, par Petitot.

87 — Portrait d'une jeune dame, émail moderne.

88 — Personnage de l'époque de Louis XIV; émail attribué à Chatillon. Cadre en vermeil.

89 — Portrait présumé d'Henriette de France, femme de Charles Ier; émail.

90 — Petite peinture sur pierre dure, la Vierge.

91 — Offrande à l'Amour, petit sujet sur émail.

92 — Genre de Petitot. Émail, portrait d'homme.

93 — La Vierge et Jésus, peinture allemande.

94 — École de Petitot. Portrait de Louis XIV, miniature sur vélin.

95 — Deux très-beaux émaux de l'époque de Louis XIII, sujets mythologiques.

96 — Émail de la même époque, le Baptême de saint Jean.

97 — Par Chatillon. Gentilhomme, émail sur or.

98 — Autre portrait sur émail.

99 — Attribué à Petitot. Émail sur or, portrait d'une dame de distinction.

100 — Dame de la cour de Louis XIV. Miniature sur ivoire. Médaillon argent. Cercle or.

BOITES & TABATIÈRES PRÉCIEUSES

---

101 — Boîte en écaille, avec camée du xvie siècle, cornaline orientale, tête de vestale. Cercle or.

102 — Boîte en écaille avec portrait de Mme Du Barry.

103 — Boîte en vernis Martin, avec portrait de Mme de Miramion.

104 — Boîte en écaille avec grisaille: le portrait de Diderot.

105 — Boîte en écaille ornée d'une belle miniature : le portrait de l'impératrice Marie-Thérèse. Monture or.

106 — Boîte en ivoire, avec portrait d'un jeune seigneur de l'époque de Louis XVI.

107 — Boîte en écaille, avec miniature : sujet d'après Greuze, signé Boquet. Monture or.

108 — Boîte en écaille, avec portrait de Lacépède.

109 — Boîte avec portrait de Mme la duchesse de Berry. Cadre argent doré.

110 — Boîte en écaille, avec portrait d'un officier supérieur de l'époque de Louis XIV. Monture argent.

111 — Boîte de forme rectangulaire en jaspe fleuri.

112 — Boîte avec portrait sur émail d'une dame de l'époque du Directoire.

113 — Boîte avec portrait d'une jeune dame de l'époque de Louis XVI. Cercle or.

114 — Boîte avec très-belle miniature, portrait du poëte Linières, par Artaud. Cadre en vermeil.

115 — Personnage de distinction, émail monté sur boîte en écaille. Charnière en vermeil.

116 — Sujet mythologique, émail monté sur une boîte en écaille.

117 — Émail attribué à Petitot. Portrait de Louis XIV, monture sur boîte en écaille.

118 — Boîte écaille, avec portrait du duc de Penthièvre. Cercle vermeil.

119 — Boîte en écaille avec miniature. Allégorie de l'Hiver.

120 — Boîte ronde en buis avec fixé, par Duval. Paysage.

121 — Boîte ronde en écaille avec fixé. Paysage par Crépin.

122 — Boîte en écaille de l'Inde, incrustée d'argent, le couvercle avec émail. Portrait d'une dame, époque de Louis XIV.

123 — Autre boîte en écaille, incrustée d'argent. Le couvercle avec sujet de danseurs.

124 — Boîte ronde en écaille, le couvercle incrusté d'argent: deux colombes se becquetant.

125 — Boîte écaille, avec portrait de Mme Saint-Aubin, de l'Opéra-Comique.

126 — Boîte oblongue en écaille, le couvercle avec ornements en argent.

127 — Boîte en écaille blonde, incrustée d'or, avec paysage, fixé par Anthaume.

128 — Boîte en écaille, montée en or, le couvercle orné d'une charmante miniature, par Nattier : le portrait de Mlle Victoire, fille de Louis XV.

129 — Une boîte ronde en écaille, monture or, avec fixé (genre de Vernet): une tempête. Or doublé de cuivre.

130 — Boîte en jaspe sanguin, montée en or bas.

131 — Charmante boîte en vernis Martin, le couvercle avec émail : Bacchante et Amour dans un paysage. Cercle or.

132 — Boîte en ivoire avec miniature, simulant un camée antique. Cercle or.

133 — Boîte en écaille avec miniature : le portrait de l'impératrice Marie-Louise.

134 — Boîte en ivoire avec miniature, par Klingstedt : l'Oiseau privé.

135 — Tabatière montée en argent et formée par une coquille, dite porcelaine tigrée.

136 — Boîte en écaille, ornée d'une miniature par Lawrence : l'Offrande à Vénus.

137 — Boîte en écaille doublée d'or sur argent, ornée d'une très-belle miniature : bouquets de fleurs, par Van Spandonck. Cercle en or.

138 — Boîte en écaille, avec fixé : paysage avec figures.

139 — Boîte en écaille avec miniature sur vélin : le portrait de Stanislas, roi de Pologne.

140 — Boîte en ivoire, avec petit paysage, par Crépin.

141 — Boîte en écaille avec fixé : paysage, par Bertin.

142 — Boîte en buis, avec fixé : marine, dans la manière de Vernet.

143 — Boîte en écaille, avec miniature : portrait de Louis XVIII.

144 — Boîte en ivoire, avec paysage, par Crépin.

145 — Boîte en écaille, avec miniature : l'Amour batelier.

146 — Boîte avec miniature, par Charlier : Zéphire tressant des couronnes de fleurs pour Flore.

147 — Boîte en buis, avec paysage, par Crépin.

148 — Boîte en ivoire, avec paysage, par Moreau.

149 — Boîte en écaille, avec miniature simulant un camée : la Vénus accroupie, par Degault.

150 — Boîte en buis, avec miniature, par Charrier : Offrande à l'Amour. Cercle or.

151 — Boîte en écaille, avec charmante miniature, par Charrier : portrait d'une comédienne. Monture or.

152 — Boîte en écaille blonde avec émail, par Adam : portrait d'une dame de l'Empire.

153 — Boîte en écaille, avec miniature : portrait d'une jeune femme.

154 — Boîte en écaille, avec miniature : portrait d'une jeune femme.

155 — Boîte, avec miniature : portrait d'un personnage de l'époque de Louis XVI.

156 — Boîte en écaille, avec miniature : Nymphe et Amours au bain.

157 — Boîte en buis, avec miniature : jeune dame, époque de l'Empire.

158 — Boîte en écaille, avec miniature, d'après Greuze : tête de jeune villageoise.

159 — Boîte en vernis Martin, ayant appartenu à Voltaire : le couvercle est orné du portrait en miniature de Mme Du Châtelet, le dessous de celui de Voltaire. Cercles en or.

160 — Boîte en écaille, avec portrait d'un officier supérieur, signé Augustin.

161 — Boîte en buis, ornée sur le couvercle et le dessous de deux miniatures : portraits de femmes.

162 — Boîte en buis, avec portrait de Buffon en grisaille, signé Le Charme, 1787. Cercle or.

163 — Boîte, avec miniature : portrait du régent.

164 — Boîte en ivoire, avec portrait de femme, époque du Directoire.

165 — Boîte en buis, avec miniature en grisaille : le portrait de Marmontel, par Sauvage.

166 — Boîte en écaille, avec miniature : portrait de femme.

167 — Boîte en écaille, avec portrait de Lapoyrouse. Cercle or.

168 — Sainte Cécile chantant les louanges du Seigneur, peinture sur pierre de Florence attribuée au Dominiquin.

169 — Jeune fille endormie surprise par un jeune homme. Émail. Cercle or.

170 — Par Klingstedt. Couple amoureux.

171 — Par Saint, miniature : portrait de Napoléon Ier.

172 — Attribué à Isabey : trois miniatures, les portraits de Jérôme, de Louis et Lucien Bonaparte, frères de Napoléon 1er.

173 — Boîte en écaille ornée d'une très-belle miniature sur vélin : Mme de Maintenon. Monture en or.

174 — Ravissante miniature sur ivoire : jeune dame assise dans un jardin ; elle tient un petit chien sur ses genoux.

175 — Le Repos, miniature d'après Boucher.

176 — Attribué à Greuze : petit Villageois, miniature sur ivoire.

177 — Par Jean Kogl, deux très-belles miniatures sur vélin : le Christ flagellé, et Jésus portant sa croix.

178 — Deux charmantes gouaches, paysages.

179 — Boîte en écaille, avec sujet pastoral. Charmant vernis Martin. Or doublé d'argent.

180 — Boîte en écaille, avec miniature figurant un camée, par Parent.

181 — Boîte en écaille, avec trois charmants sujets par Degault : le Nid d'Amours et Jeux d'Amours. Cercles en or.

182 — Par Degault, miniature grisaille montée sur boîte en écaille.

183 — Genre de Boucher, sujet mythologique, gouache montée sur boîte en cuivre.

184 — Très-belle boîte en émail de l'époque de Louis XV : le couvercle offre un portrait d'une dame sous la figure d'Érigone: le dessous et les côtés sont ornés de petits sujets dans la manière de Watteau. Monture en vermeil.

185 — Très-belle boîte en porcelaine de Saxe, ornée sur le couvercle et les côtés de sujets mythologiques et champêtres. Monture en vermeil.

186 — Boîte en porcelaine de Saxe, décorée d'un bouquet de fleurs, de fruits et de paysages en camaïeu. Monture en vermeil.

187 — Boîte en écaille, avec portrait d'un gentilhomme ; miniature sur vélin, par Artaud.

188 — Boîte à mouche en nacre, monture à cage en vermeil.

189 — Boîte en vernis Martin, ornée d'une très-belle miniature : jeune femme.

190 — Charmante boîte en Saxe, ornée de sujets : marches militaires et causeries galantes.

191 — Boîte en buis, avec portrait de Louis XVI.

192 — Boîte en ivoire, gorge à vis.

193 — Portrait d'une dame hollandaise, miniature sur cuivre.

194 — Tabatière en porcelaine de Saxe, le couvercle orné d'une cornaline intaille.

195 — Boîte en porphyre, monture en vermeil.

196 — Une boîte en agate et une en nacre montée en argent.

197 — Boîte à mouche en nacre montée et incrustée en argent doré.

198 — Boîte en argent, époque de Louis XV.

199 — Deux boîtes en porcelaine de Chantilly.

200 — Boîte en ivoire ornée d'une miniature à sujet.

201 — Tabatière, monture en vermeil.

202 — Boîte en écaille ornée du portrait de Linières, par Chatillon, charnière en vermeil.

203 — Boîte en écaille avec charnière en argent, ornée d'un fixé par Damour.

204 — Boîte en corne de cerf, couvercle en argent.

205 — Trois tabatières en ivoire et écaille, montures en argent.

206 — Tabatière en porcelaine de Saxe, monture en vermeil.

207 — Tabatière en écaille piquée d'or, ornée d'un côté d'une miniature et de l'autre d'un sujet : Offrande à l'Amitié.

208 — Tabatière avec miniature : jeune dame parée de fleurs.

209 — Deux tabatières en porcelaine de Chantilly, monture en vermeil.

210 — Une autre en porcelaine de Saxe, dessin camaïeu, monture en cuivre.

211 — Une autre : groupe d'Amours.

212 — Deux autres en porcelaine de Saxe, décor de fleurs et d'oiseaux.

213 — Une autre, décor camaïeu : marine.

214 — Une boîte ovale en porcelaine de Saxe, monture en vermeil.

215 — Une boîte, monture en vermeil.

216 — Une boîte avec sujet genre Watteau.

217 — Une boîte ronde en porcelaine de Saxe, monture en argent.

218 — Trois boîtes en matière dure, les montures en vermeil.

219 — Boîte en porphyre, le couvercle orné d'une mosaïque de Rome.

220 — Boîte en nacre avec couvercle en argent, sujet à personnages, haut-relief très-finement ciselé.

221 — Deux tabatières en écaille avec médaillons de personnages célèbres.

222 — Boîte en écaille avec miniature : baigneuse.

223 — Boîte en écaille piquée d'or, avec les portraits en grisaille de Louis XVI, Marie-Antoinette et du Dauphin.

224 — Boîte en écaille avec le portrait du duc de Vivonne.

225 — Boîte en écaille doublée d'or, ornée d'un très-beau portrait de Louis XV, par Hall.

226 — Tabatière en écaille ornée de deux portraits en miniature.

227 — Une autre ornée de quatre portraits en miniature : personnages célèbres.

228 — Une autre avec le portrait du duc de Berry, fils de Louis XV.

229 — Une autre avec camée intaille.

230 — Une tabatière en écaille doublée d'or, le couvercle avec mosaïque : renard dévorant un faisan.

231 — Une autre avec miniature : petit garçon, genre de Greuze.

232 — Une autre doublée d'or.

233 — Quatre tabatières en matière dure.

234 — Quatre autres en cuivre doré, l'une avec une peinture par Parent.

235 — Boîte en porcelaine de Saxe, monture en vermeil.

236 — Une autre en vernis Martin.

237 — Une autre en écaille avec miniature : dignitaire oriental.

238 — Boîte avec portrait de Malesherbes.

239 — Une autre en écaille incrustée d'argent.

240 — Une autre doublée d'or.

241 — Une autre en jaspe monté en or, le couvercle avec mosaïque de Rome.

242 — Il sera vendu sous ce numéro une grande quantité de boîtes ornées de miniatures.

DEUXIÈME PARTIE

DES

MINIATURES

266 — Marion Delorme. (C.)

267 — Henriette d'Angleterre, peinture sur argent. (C.)

268 — Dans un même cadre, les portraits de Louis XIV, le maréchal de *Belle-Isle*, *J.-B. Rousseau*. (V.)

269 — D'après Schalcken, Tête de vieillard. (C. I.)

270 — Dame sous la figure de Pomone. (I.)

271 — Le marquis de Lafayette à l'âge de soixante-seize ans. (I.)

272 — Jean-Philippe de Schonborn, électeur de Mayence. (I.)

273 — Le prince de Kaunitz. (I.)

274 — Le marquis d'Argenson. (V.)

275 — Un cadre contenant quatre portraits : Ninon de l'Enclos, Mme Adélaïde, Mlle Bourgoin, de la Comédie-Française, et une dame inconnue. (I.)

276 — Mlle Mars, de la Comédie-Française. (I.)

277 — Par Augustin, portrait du chevalier de Florian. (I.)

278 — Henri III. (C.)

279 — Trois petits sujets, grisailles, par Degault. (I.)

280 — Pâturage.   fixé. (I.)

281 — Les Caresses de l'Amour. (I.)

282 — Princesse de la maison de France, monture en argent et or ornée de strass. (I.)

283 — Portrait d'un gentilhomme hollandais. (C.)

284 — Personnage de l'époque du Régent, (V.)

285 — Personnage de l'époque de Louis XVI. (I.)

286 — Paysage par Demarne, fixé. (S.)

287 — Marine hollandaise, par Swagers; fixé. (S.)

288 — Par Massé. La duchesse de Châteauroux. (I.)

289 — Par Van der Meer. Dame hollandaise. (C.)

290 — L'Origine du dessin, charmante composition. (I.)

291 — Jeune femme, baigneuse, par Klingstedt. (V.)

292 — Mlle Bourgoin, de la Comédie-Française. (I.)

293 — Jeune dame anglaise, par Coltel. (I.)

294 — Personnage hollandais. (C.)

295 — Par Damiani. Mme Catalani (1800). (I.)

296 — Tête d'expression. (I.)

297 — Charles VI, empereur d'Allemagne. (C.)

298 — Éléonore-Madeleine-Thérèse, impératrice. (C.)

299 — Portrait d'une femme peintre, école hollandaise. (C.)

300 — Barnave, par Debréa, et deux portraits de personnages de distinction. (I.)

301 — Deux grisailles attribuées à Degault. (I.)

302 — Par Charlier. Jupiter et Io. (I.)

303 — Sujet allégorique et religieux, peinture sur
agate.

304 — Jeune femme nue. (I.)

305 — Personnage de l'époque de Louis XVI. (I.)

305 — Dame hollandaise. (C.)

307 — Le Matin. (I.)

308 — Signé Hall. Jeune dame. (I.)

309 — Mlle de Fontanges. (V.)

310 — L'abbé Maury. (I.)

311 — Dame hollandaise, par Palamèdes. (C.)

312 — Par Verbeck. Dame allemande. (C.)

313 — Stanislas, roi de Pologne. (C.)

314 — Portrait de Monsieur, frère de Louis XIV. (V.)

315 — Par Carteaux. Portrait d'homme. (I.)

316 — Par Mirevolt. Portrait d'une dame hollandaise. (C.)

317 — Par Parent. Bacchus et Ariane. Imitation de
camée. (I.)

318 — Attribué à Terburg. Personnage hollandais. (C.)

319 — Magistrat hollandais. (C.)

320 — Portrait d'Élisabeth, fille de Henri II. (C.)

321 — Officier hollandais. (C.)

322 — Vierge Dolorosa. (C.)

323 — Catherine de Russie. Très-belle miniature,
riche monture en argent incrustée de
pierres. (I.)

324 — La Vierge et Jésus. Double médaillon. (C.)

325 — La duchesse d'Olonne. (V.)

326 — Henri Goltzius. (C.)

327 — Gentilhomme hollandais. (C.)

328 — Par Breughel. Diane et Actéon. (C.)

329 — Mars et Vénus. (V.)

330 — Par Constantin Netscher. Nicolas Fouquet
(1680). (C.)

331 — Dame de la cour de Louis XIV. (C.)

332 — Dame de l'époque de Henri IV. (C.)

333 — Madeleine de Scudéry. (C.)

334 — Louis XV enfant. (C.)

335 — Dame hollandaise. (E.)

336 — Dame de la cour de Louis XIII. (C.)

337 — Personnage du siècle de Louis XIV. (C.)

338 — Jeune dame de l'époque de Louis XVI. (C.)

339 — Attribué à Lely. Dame de l'époque de
Louis XIII. (C.)

340 — Portrait de Daniel Zeghers, peintre flamand. (C.)

341 — Portrait de Monaldeschi. (A.)

342 — Hortense de Mancini, nièce de Mazarin. (C.)

343 — Dame de l'époque de Louis XIII. (C.)

344 — Par Carlo Maratti. La Vierge et Jésus. (C.)

345 — Portrait du peintre François Porbus. (A.)

346 — Quinze portraits de peasonnages célèbres,
époque de Louis XIII. (C.)

347 — Par Chatillon. Portrait d'un personnage de
distinction. (V.)

348 — Neuf portraits de personnages de l'époque de
Louis XIV. (C.)

349 — Portrait de Paul-Pierre Riquet, créateur du
canal du Languedoc. (C.)

350 — Philippe Quinault, poëte lyrique. (C.)

351 — Le prince de Condé (1780). (C.)

352 — Portrait de G. Netscher. (C.)

353 — Van Cachoorn, général d'artillerie, par Netscher. (C.)

354 — Jacques Artaud, peintre. (C.)

355 — Jean Verkolie, peintre. (C.)

356 — Par Darmencourt, 1781. Portrait de femme. (V.)

357 — Portrait du philosophe Pierre Bayle. (C.)

358 — Le duc de Roquelaure. (C.)

359 — La duchesse de Berry, fille du Régent. (V.)

360 — Personnage hollandais. (C.)

361 — Maréchal de Luckner. (V.)

362 — Le général Kléber. (I.)

363 — Par Kenly. Portrait d'un personnage époque de Louis XVI. (I.)

364 — Par Santerre. Jeune fille chantant. (I.)

365 — Deux portraits de dames de l'époque de Louis XIII. (C.)

366 — Sept miniatures, portraits divers. (I.)

367 — Dix miniatures, par Devos. (I.)

368 — Jean Sobieski, roi de Pologne. (C.)

369 — Signé Pauline. Portrait d'homme. (I.)

370 — Par Saint. Portrait d'un jeune homme ayant des cheveux blonds et bouclés. (I.)

370 bis. — Attribué à Saint. Jeune fille en toilette du matin tenant un chat dans ses bras (I.)

371 — Portrait d'une dame du commencement de ce siècle. (I.)

372 — Grande miniature : jeune dame assise dans un parc, effeuillant une rose. (I.)

373 — Suzanne et les vieillards. (V.)

374 — Par Williems Boor. Saint Antoine priant, miniature. (V.)

375 — Par Charlier. Le Sommeil d'Adonis. (V.)

376 — Sainte Famille, d'après Raphaël. (V.)

377 — Autre Sainte Famille. (V.)

378 — La Vierge et Jésus, d'après Mignard. (V.)

379 — Suzanne et les vieillards. (V.)

380 — Le Christ adoré par des anges. (V.)

381 — Jésus et les saintes femmes. (V.)

382 — D'après Raphaël : Le Réveil de l'Enfant Jésus. (V.)

383 — Par Nattier. Portrait de Potier, duc de Gèvres. (C.)

384 — Jacques II d'Angleterre. (C.)

385 — Trois autres portraits de personnages célèbres. (C.)

386 — Dame hollandaise. (C.)

387 — Plus de cent autres miniatures non montées.

TABLEAUX ANCIENS

DÉSIGNATION

Écoles Hollandaise, Flamande & Allemande.

ABSOVEN.

388 — Ménagère flamande en compagnie d'un buveur.— *40*

BALEM (Van).

389 — Allégorie mythologique.
390 — Sainte tenant l'emblème de son martyre.

BESCHEY.

391 — Le Repos de la Sainte Famille.— *76*

VAN BLOEMEN, dit ORIZONTI.

392 — Paysage avec marche d'animaux.

BOTH (École de).

393 — Paysage, soleil couchant.

BRAUWER (Adrien).

394 — Vieillard et femme âgée se chauffant. (Deux pendants).

BREUGHEL (Pierre).

395 — Quatre petits paysages sur cuivre représentant les Quatre Saisons.

BREYDEL (Le chevalier).

396 — Brigands sur une route, attaquant les équipages d'un grand seigneur.

397 — Attaque d'un convoi militaire.

CHAMPAIGNE (Philippe de).

398 — Portrait du chancelier Guillaume de Lamoignon.

399 — Portrait d'Abraham Fabert, maréchal de France.

400 — Portraits de deux officiers supérieurs.

401 — Portrait d'un maréchal de France.

CROOS.

402 — Paysage, vue des environs d'Anvers.

DIÉTRICH.

403 — Descente de croix.

404 — Paysage boisé avec rivière.

VAN DYCK (École de).

405 — La Madeleine priant près du corps inanimé du Rédempteur.

406 — Portrait de la duchesse d'Orléans.

407 — Portrait d'Henriette d'Angleterre.

ELZHEIMER (Adam).

408 — Deux paysages, vues des bords du Rhin.

FLING (G.).

409 — Personnage hollandais coiffé d'un chapeau de feutre.

FRANCK (François).

410 — Sainte tenant l'Enfant Jésus, qui est adoré par une religieuse.

411 — Le buste de Jésus enfant.

412 — La Vierge et le petit saint Jean en adoration devant Jésus.

FRANCK (Sébastien).

413 — Jésus présenté au peuple. Cette composition est entourée de huit autres sujets en grisaille représentant des scènes de la Passion. Très-belle qualité du maître.

414 — La Descente de croix.

415 — Les Bergers adorant l'Enfant Jésus.

GOLTZIUS (Hubert).

416 — Reine tenant des fleurs.

417 — Reine et martyre.

GONZALÈS (Coques).

418 — Portrait d'un jeune seigneur hollandais.

HENGEL (Van).

419 — Vache au pâturage.

HERP (Van).

420 — Diane et ses Nymphes revenant de la chasse.

HOLBEIN (Genre de).

421 — Jeune femme devant une table servie, assise entre deux vieillards.

JANSSENS (Pierre).

422 — Intérieur : officier en compagnie d'une jeune dame hollandaise. OEuvre rappelant celles de Pierre de Hooghe.

VAN KESSEL et VAN BALEM.

423 — Diane et ses Nymphes endormies surprises par un Faune.

KEYSER (Gaspard de).

424 — Portrait d'un personnage hollandais; il porte un vêtement noir, couronné d'une collerette.

KRANACH (Luca, attribué à).

425 — Dame allemande debout près d'une balustrade; devant elle sont des pièces d'or.

LAMBREGH.

426 — Intérieur : villageoise attablée entre deux galants.

LELY (Le chevalier).

427 — Dame de distinction.

MAAS (Thierry).

428 — Dignitaire hollandais.
428 bis — Personnages hollandais. (Deux pendants.)

MEEN (Van der).

429 — Joueur de flûte.
430 — Dame hollandaise.
431 — Jeune femme à demi nue représentée sous la figure de Pomone.

MEULEN (Van der).

432 — Vue d'une résidence royale et de ses dépendances.

MIEL (Jean).

433 — Villageois et cavaliers arrêtés près d'un ruisseau.

MIGNON (Abraham).

434 — Fruits sur une table en partie couverte d'un tapis d'Orient.

MIREVELT (Jean).

435 — Portrait d'un seigneur hollandais.
436 — Portrait d'un personnage flamand.

NEER (Eglon Van der).

437 — Dame hollandaise debout dans un parc, le coude appuyé sur une balustrade.

NETSCHER (Gaspard).

438 — Dame richement vêtue assise à l'entrée d'un parc ;
son coude repose sur une table couverte d'un tapis
d'Orient.

439 — Jeune dame hollandaise, richement parée, assise à
l'entrée d'un parc.

PALAMÈDES.

440 — Dame hollandaise.

POELENBURG (Corneille).

441 — L'Age d'or. Ravissante composition du plus beau
faire de ce maître.

442 — Abraham et Agar.

443 — Syrinx, poursuivie par le dieu Pan, implore le se
cours du fleuve Ladon, son père.

PORBUS (Pierre).

444 — Portrait de la reine Marie de Médicis.

445 — Portrait de Pierre Delaporte, doyen de Saint-Marcel.

RAVESTEN.

446 — Dépouille d'un dignitaire hollandais exposée sur un
lit de parade.

447 — Magistrat hollandais.

ROTENHAMER.

448 — Nymphe endormie surprise par un Satyre.

449 — Mars et Vénus surpris par Vulcain en présence des
dieux. Composition capitale d'un précieux fini.

450 — Pomone et Amours offrant des fruits à Cérès et à
Bacchus.

451 — Les Dieux de l'Olympe célébrant Pomone.

452 — Saint Joseph, la Vierge et l'Enfant Jésus.

RYCKAERT (David).

453 — Concert hollandais, intérieur. Quatre figures.

SCHOVAERT.

454 — Loth et ses filles quittant Sodome.

455 — Même sujet que le précédent, mais d'une composition différente.

THIERF (B.-H.).

456 — Pâturage hollandais. Aquarelle et gouache.

457 — Pâtre gardant des animaux. Idem.

TOL (Dominique Van).

458 — Jeune dame jouant du clavecin.

VANDERBURG.

459 — Paysage, soleil couchant.

VERBOEEKHOVEN (Louis).

460 — Marine hollandaise.

WERFF.

461 — Petit Marchand d'œufs assis à l'entrée d'une ville. — OEuvre d'une grande finesse d'exécution.

462 — La Madeleine priant. Ravissant tableau de ce maître, d'une conservation parfaite.

ZÉGHERS (Daniel).

463 — Guirlande de belles fleurs entourant un médaillon représentant la Vierge et Jésus.

464 — Fleurs entourant un cartouche au centre duquel est une marine.

ZORG (H.).

465 — Intérieur d'une cuisine hollandaise.

École Française

AVED.

466 — Portrait de Catherine de Seine, femme Dufresne, célèbre tragédienne, gravé par Lépicié.

BÉRÉ.

467 — Cerf et biche se reposant dans un paysage.

BÉRÉ (Genre de).

468 — Vaches au pâturage.

BERTIN (Attribué à).

469 — Paysage historique animé de figures.

BOUCHER (Genre de).

470 — Jeune femme à coiffure poudrée.

BIDAULT.

471 — Cascatelles de Tivoli.

BRIOT, 1789.

472 — Pâturage hollandais avec cours d'eau.

CHALLE.

473 — Jeune dame de l'époque de Louis XVI.

CHARDIN (Jean-Baptiste).

474 — Portrait de Préville, de la Comédie-Française.

COYPEL (André).

475 — Vénus, assise sur des nuages, offre un cœur à l'Amour, qui voltige près d'elle.

COURT (Genre de).

476 — Jeune dame portant une mantille.

DAVID (École de).

477 — Sujet tiré de l'histoire romaine.

DEHONGHE, 1823.

478 — Paysage hollandais avec animaux au repos. —

DEMARNE.

479 — Plage normande. Charmante composition de quarante figures, œuvre capitale.

DEMOULIN (A.).

480 — Moine à la porte d'un couvent, distribuant des aliments à des pauvres.

DESNOYERS (Le baron, d'après LÉONARD DE VINCI).

481 — Portrait de la Joconde. Très-beau dessin au crayon noir, exécuté pour la reproduction de la gravure.

DETROY.

482 — Portrait de Mme Loison, célèbre musicienne sous le régent. Elle est représentée assise, ayant devant elle un Amour qui soutient un cahier de musique.

483 — Dame artiste peintre et sculpteur, représentée dans son atelier, la main gauche appuyée sur un buste en marbre ; on voit dans le fond un coffre sur lequel est une palette.

484 — Gentilhomme de la cour de Louis XIV portant l'insigne de l'ordre du Saint-Esprit ; il est représenté debout sous le péristyle d'un palais, la main gauche appuyée sur une balustrade.

485 — Portrait d'une dame de distinction, représentée debout dans un appartement, la main droite appuyée sur une console.

486 — Dame de qualité sous la figure de Pomone.

DEVÉRIA (Genre de).

487 — Le Bouquet.

DROLLING (MARTIN).

488 — Intérieur villageois.

EISEN (CHARLES).

489 — La Lecture.

490 — Jeune Femme élégamment vêtue assise près d'une toilette; elle tient sur ses genoux un singe habillé en marquis.

GOSSE (1831).

491 — Portrait de la reine Marie-Amélie.

HYRE (LAURENT DE LA).

492 — L'Enlèvement de Proserpine.

KEMLY (1770).

493 — Portrait d'un rabbin portant un bonnet en fourrure.

LAFOSSE (CHARLES DE).

494 — L'Enlèvement d'Europe.
495 — Jupiter et Danaé.
496 — Jupiter et Léda.
497 — Jupiter et Io.

LARGILLIÈRE (Attribué à).

498 — Portrait d'une jeune dame.

LARGILLIÈRE (Genre de).

499 — Portrait de madame de Noailles.

LEBRUN (CHARLES).

500 — Mater Dolorosa.

LEFÈVRE (Robert).

501 — Dame de l'époque de l'Empire, représentée debout sous un vestibule.

MALLET.

502 — Le Refuge de l'Amour.

MÉRIMÉE.

503 — Portrait d'un officier des gardes du corps.

MEUNIER (Pierre-Louis).

504 — Petit paysage avec figures mythologiques.

MEYNIER.

505 — Psyché et l'Amour.

MEYNIER (1804, signé).

506 — Cicéron plaidant devant Jules César. Première pensée d'un tableau, esquisse.

MIGNARD (Pierre).

507 — Portrait de Monsieur, frère du roi Louis XIV.
508 — Portrait d'Hortense Mancini, nièce du cardinal Mazarin.
509 — Portrait de la reine Anne d'Autriche.

MIGNARD (École de).

510 — Dame de l'époque de Louis XIV.
511 — Dame de la cour de Louis XIV.

NATOIRE (Charles).

512 — Dame de la cour sous la figure d'Ariane ; près d'elle est un Amour et Bacchus debout.
513 — Jupiter et Io. Rappelant la composition du Corrége.

NOCRET (Jean).

514 — Mademoiselle de La Vallière retirée du monde, allégorie. Elle est représentée en carmélite tenant un crucifix ; près d'elle, la Jeunesse lui présente une pomme qu'elle repousse ; plus loin est agenouillé Louis XIV, portant le costume d'un empereur romain.

PICOULT (E., 1832).

515 — Petite fille soignant son frère blessé.

RAOUX (Jean).

516 — Jeune dame de la cour de Louis XV sous la figure de Diane.

RIGAUD (Hyacinthe).

517 — Portrait d'un gentilhomme.

STELLA (Jacques).

518 — Enfants nus dans un paysage, jouant à la toupie. Composition rappelant celles de Poussin.

TOQUÉ.

519 — Portrait de Marie-Josèphe de Saxe, femme du dauphin de France, père des rois Louis XVI, Louis XVIII et Charles X. Elle est représentée assise, portant un manteau d'hermine ; près d'elle est un jeune page.

TOURNIÈRES.

520 — Dame de l'époque du régent.

VANDERBUGH.

521 — Paysage, soleil couchant.

VESTIER.

522 — Portrait présumé de M. de Buffon.

VIEN (Joseph, le vieux).

523 — Gracieuse composition représentant Danaé sur un lit de repos ; la pluie d'or est recueillie par une servante.

École Italienne

BARROCHE (Ambroise).

524 — Saints et saintes adorant la Vierge et Jésus.

CARRACHE (Annibal).

525 — La Communion de la Madeleine La sainte est prosternée devant un ange qui lui présente l'hostie; derrière elle sont deux chérubins debout.

CARRACHE (École de).

526 — Ange présentant des fruits à la Vierge et à son divin fils.

CIGOLI (Cardi).

527 — Le Sommeil d'Endymion.

CORRÈGE (D'après).

528 — La Madeleine lisant.

DOMINIQUIN (Zampieri).

529 — Sujet mythologique. Trois figures.

DOMINIQUIN (Attribué au).

530 — Hérodiade tenant sur un plat la tête de saint Jean-Baptiste.

DOMINIQUIN (École du).

531 — La Vierge enlevée au séjour céleste.

GUIDO RENI.

532 — Le Martyre d'une sainte.

MARATTI (Carlo).

533 — L'Enfant Jésus bénissant et tenant la boule du monde; autour de lui voltigent des chérubins.

PANNINI.

534 — Trois gouaches représentant des édifices religieux et antiques.

PIAZETTA (Jean-Baptiste).

535 — Composition capitale : fête d'un village aux environs de Rome, scène animée par un grand nombre de figures.

PRIMAVESI.

536 — Coucher de soleil et clair de lune. (Deux pendants.)

ROSA DE TIVOLI.

537 — Moutons dans un paysage.
538 — Animaux au repos.

RAPHAEL (D'après, attribué à Mignard).

539 — Charmante reproduction de la Sainte Famille du Musée du Louvre, n° 377 du catalogue.

RAPHAEL (D'après).

540 — Tête de la Vierge, dite la Belle Jardinière, entourée d'une guirlande de fleurs.

INCONNUS.

541 — Portrait de l'abbé Terray.

542 — Général vendéen.

543 — Gentilhomme français.

544 — Paysage, site italien.

545 — Moines priant.

546 — Portrait en pied d'un prince polonais.

547 — Officiers hollandais et courtisanes.

548 — Magicienne prédisant l'avenir.

549 — La Vision de saint François.

550 — Portrait d'un personnage, époque de la Révolution.

551 — Gentilhomme de la cour de Louis XV.

552 — Intérieur de forêt.

553 — L'Oiseau en danger.

554 — Portrait du prince de Condé.

555 — Portrait d'un artiste peintre.

556 — Portrait de Gaston, duc d'Orléans, frère de Louis XIII.

557 — Portrait d'un seigneur italien.

558 — Sénateur vénitien.

559 — Portrait du peintre François Bassan, médaillon ovale, cadre sculpté.

560 — David vainqueur de Goliath.

561 — Sainte terrassant le démon.

562 — L'Annonciation.

563 — Apothéose d'un saint.

564 — L'Assomption.

565 — Petit garçon jouant avec des insectes.

566 — Portrait de lady Handel.

567 — La Vierge, saint Joseph et un ange en adoration devant Jésus nouveau-né.

568 — Sainte Anne à ses derniers moments, soignée par la Vierge.

569 — Portrait d'un savant.

570 — Femme du précédent.

571 — Quelques tableaux non catalogués.

Dessins, Gouaches, Aquarelles & Peintures sur porcelaine.

BOUCHER (François).

672 — Paysage pastoral, dessin colorié.
673 — Blasons allemands, dessins coloriés.

CHATELET.

574 — Six paysages animés de figures, sites italiens, gouaches spirituellement touchées.

DUTAILLY.

675 — Le bon Ton (1815), aquarelle.

HAECKERT (de Naples).

576 — Paysages, deux pendants, gouaches.

LEGUAY (de la manufacture de Sèvres).

577 — Portrait du duc de Wellington, peinture sur porcelaine (1815).

NICOLLE.

578 — Une vue de Rome, aquarelle.

PALMÉRIUS.

679 — Paysages sites agrestes, dessins à la plume et en couleur.

SCHOTT.

580 — Jeune Femme endormie, pastel.
581 — Amours se disputant une fleur, peinture sur porcelaine.
582 — Amours se disputant des armes, peinture sur porcelaine.

INCONNUS.

583 — Le Printemps, pastel.

584 — Portraits de Louis XVI, Louis XVIII, Charles X, et de la comtesse de Provence, pastels.

585 — Quatre paysages animés de figures, aquarelles gouachées.

586 — Plusieurs dessins et aquarelles seront vendus sous ce numéro.

OBJETS D'ART ET DE CURIOSITÉ

Émaux.

588 — Émail de l'époque de Louis XIII : la Transfiguration, cadre en filigrane d'argent.

589 — Par Jean Laudin, émail colorié : Saint Michel terrassant le démon.

590 — Par Laudin fils, émail colorié : la Vierge et Jésus.

591 — Deux émaux, grisaille sur fond bleu : Amours voltigeant.

Médailles.

592 — Grand bronze : Louis XV.

593 — Environ deux cents médailles en bronze de divers règnes français.

594 — Treize médailles en bronze doré : les portraits de Marie de Médicis, Henri IV, Louis XIII, Pierre le Grand, Louis XV, de La Fayette, Egerton, Bailly et autres.

Médailles en argent.

594 bis — Huit médailles de Henri III, saint Louis, le grand Frédéric, deux de Louis XV et deux de Louis XVI.

595 — Neuf médailles de l'époque de l'Empire et autres.

596 — Trente-neuf pièces françaises et étrangères.

597 — Cinq pièces de Louis XVI, écu de six livres, 1791 ; écu de 3 livres, 1790 ; pièce de 30 sous, etc.

598 — Quatre médailles antiques, dont deux grecques.

599 — Un écu de six livres, 1761, avec R. F., 1793, gravé par Charlier. Cette pièce ainsi que la boîte jointe appartenaient à Charlier le conventionnel. Ancienne vente Debruge-Dumesnil.

600 — Environ cent médailles en bronze, françaises et étrangères.

601 — Quatre petits médaillons en bronze représentant des têtes d'enfants : les Saisons.

602 — Autre médaillon en bronze doré : le portrait de Louis XIV.

602 bis — Autre médaillon en bronze : portrait d'homme.

Meubles anciens.

603 — Grand bureau en ébène de l'époque de Louis XIV ; il est orné sur toutes ses faces de filets et de beaux ornements en bronze.

604 — Trois commodes de l'époque de Louis XVI en acajou, ornées de filets et d'ornements en cuivre doré.

605 — Trois secrétaires même époque que les précédentes.

606 — Une console id.

607 — Très-belle console de l'époque de Louis XVI en acajou, de forme demi-ronde, ornée d'une riche galerie avec ornement et filets en bronze doré.

Pendules, Candelabres, Feux, Flambeaux.

607 bis — Charmante pendule Louis XVI avec sujets de Jupiter et Léda.

608 — Pendule en bronze doré de l'époque de Louis XVI, de forme carrée, le cadran dominé par un vase orné d'une draperie.

609 — Pendule en marbre blanc ornée de bronze; elle offre l'aspect d'une pyramide dominée par des sphinx; ils supportent un petit vase en marbre blanc contenant des fruits.

610 — Cartel Louis XVI en bronze doré, orné d'un vase et de pendentifs de fleurs.

611 — Très-belle pendule forme lyce de l'époque de Louis XVI en bronze doré et marbre blanc, le mouvement enchâssé dans le balancier.

612 — Pendule de l'époque de Louis XVI; elle est en bronze doré; le cadran est surmonté d'un vase de fleurs.

613 — Deux candelabres en bronze de l'époque de l'Empire: femmes ailées soutenant les lumières.

614 — Plusieurs paires de feux, chenets en cuivre doré.

615 — Deux flambeaux Louis XVI en bronze très-finement ciselé et doré.

616 — Deux supports en cuivre doré.

617 — Deux candelabres en bronze doré de l'époque de l'Empire, sept lumières.

Bronzes d'art.

618 — Voltaire et Rousseau, bustes en bronze montés sur socles en marbre.

619 — Poussin et Raphaël, bustes en bronze montés sur socles en griotte d'Italie.

620 — Deux petits vases forme Médicis en bronze et bronze doré, montés sur socles en marbre noir.

621 — L'Amour et Psyché, statuettes en bronze montées sur socles en marbre orné de cuivre doré.

622 — Deux bustes d'enfants, bronzes du temps de Louis XVI, montés sur socles en griotte.

623 — Statuette en bronze : Diane sortant des eaux.

624 — L'Abondance, statuette en bronze.

625 — Petits bustes d'enfants, anciens bronzes montés sur socles en marbre rouge.

626 — Statuette en bronze : Vénus.

627 — Les bustes de la Vierge et de Jésus, bronzes de l'époque de Louis XVI, socles en bronze doré.

628 — Deux coupes en bronze.

629 — Grande statuette en bronze : Cléopâtre se donnant la mort.

630 — Vénus et l'Amour, gracieux groupe en bronze reposant sur une terrasse en bronze doré.

631 — Deux coupes ou vide-poches en bronze doré.

932 — Deux buires en bronze de l'époque de l'Empire.

633 — Deux lions debout, bronzes de l'époque de Louis XVI, socle en cuivre cannelé et doré.

634 — Bronze italien ; Cheval au trot.

632 — L'Enfant Jésus endormi, bronze doré.

663 — Deux coupes ou brûle-parfums en bronze à trépieds.

637 — Deux bas-reliefs en bronze : Bélisaire et Homère.

Porcelaines.

639 — Médaillons en porcelaine blanche : les portraits de la reine Marie-Thérèse d'Autriche et celui de son mari l'empereur François Ier.

640 — Deux vases en porcelaine du Japon, montures en bronze.

641 — Bols, théières, tasses, assiettes et autres pièces en porcelaines de Chine et du Japon.

642 — Deux petits vases en porcelaine du Japon, décor camaïeu bleu, socles en bronze doré.

643 — Deux vases en porcelaine de Chine.

644 — Vase en porcelaine du Japon, décor camaïeu rose, monture en bronze doré.

645 — Deux bols en porcelaine de Chine, fond gros bleu, décor à mandarins, montures en bronze doré.

646 — Pot et sa cuvette en porcelaine du Japon, monture en bronze doré.

647 — Deux vases en porcelaine de l'époque de Louis XVI, décor à guirlandes de fleurs.

648 — Deux vases en porcelaine de Chine, fond vert à fleurs et feuillages, montures rocailles en bronze doré.

649 — Deux cornets en porcelaine du Japon, monture en bronze doré.

650 — Fontaine à thé en porcelaine, époque de l'Empire, décorée d'un médaillon d'Amours, anses en cuivre doré, cannelle en vermeil.

651 — Deux vases en porcelaine, décor camaïeu bleu et or, montures rocailles en bronze doré.

652 — Petit pot en porcelaine tendre de Chantilly.

653 — Deux vases en porcelaine fond noir avec personnages, d'après l'antique.

OBJETS DIVERS

654 — Rétable du XVIe siècle.

Ce Rétable ou triptyque est de petite dimension; sa partie centrale offre un portique avec entablement et corniche soutenu par des colonnes ornées de chapiteaux corinthiens en argent doré; ces colonnes sont entourées d'ornements en argent repercés à jour.

Au milieu du volet principal est une plaque en argent sur laquelle est gravée une oraison; autour de cette plaque sont douze bas-reliefs en argent repoussé, représentant les Scènes de la Passion.

Le volet de droite se compose d'une autre plaque avec oraison gravée; à sa base, trois bas-reliefs en argent repoussé représentant l'Ensevelissement du Christ et deux Apôtres écrivant l'histoire sacrée.

Sur le volet de gauche, troisième plaque en argent avec oraison ; au bas, trois bas-reliefs représentant deux Apôtres en méditation et le Sauveur délivrant des âmes du Purgatoire.

Sur l'entablement, le dernier bas-relief : la Transfiguration. Les corniches son' dominées par deux petites figurines en vermeil, représentant la Foi et la Charité.

Ce Monument est un petit chef-d'œuvre digne de Benvenuto Cellini.

655 — Charmant petit souvenir en ivoire, garni d'or et orné des portraits de Louis XV et de Marie Leckzinska·

656 — Un cadre en argent filigrané, travail de l'époque de Louis XV.

657 — Deux charmants petits coquetiers émaillés sur or, très-richement décorés de paysages sur fonds rouges.

658 — Un petit bas-relief en argent doré de l'époque de Louis XV : le Baptême de Jésus.

659 — Bois sculpté : le Christ expirant sur la croix, œuvre d'un beau faire et d'un sentiment remarquable, cadre en bois sculpté.

660 — Boîte en écaille ayant la forme d'une corne d'Ammon, monture en argent.

661 — Petite boîte à poudre en bois incrusté d'ivoire, travail de l'époque de Henri III.

662 — Petit cadre en ébène incrusté d'ivoire et d'étain, contenant cinq médaillons en ivoire, bustes de personnages antiques.

663 — Deux peintures chinoises.

664 — Terre cuite par Nini : Marie-Thérèse d'Autriche. ·

665 — Buste en ivoire de Napoléon Ier.

666 — Dix-neuf couteaux avec manches en porcelaines de Saxe et de Chine.

667 — Pipe en écume de mer, garnie en argent.

668 — Montre en or émaillé de l'époque de Louis XVI.

669 — Mosaïque en bois, allégorie de la Mort.

670 — Un nécessaire de voyage garni de toutes ses pièces en ivoire et en plaqué.

671 — Boîte en ivoire avec sujets : Diane chasseresse,

672 — Petit bas-relief en ivoire : Danaé.

673 — Plusieurs mosaïques de Rome.

674 — Deux manches de cannes et trois étuis en cuivre et en nacre incrustée.

675 — Une boîte à mouches en ivoire, deux étuis et un petit nécessaire.

676 — Quatre hélières, deux croix et deux médaillons en argent, ornés de strass.

677 — Dix montres en argent avec leurs boîtiers, pièces des époques de Louis XIV et de Louis XV.

678 — Deux boîtes en bronze tonkin.

679 — Six cachets montés en pierres dures, et cinq autres non montés.

680 — Neuf boîtes anciennes en écaille incrustée d'or et d'argent, les montures en argent.

681 — Encrier en porcelaine de Saxe, montu r e n cuivre doré.

682 — Huit étuis ou flacons en porcelaines de Saxe et de Chine.

683 — Petits nécessaires et étuis en nacre et autres.

684 — Trois paires de boucles, quatre médaillons et une couronne en imitation de diamants; toutes ces pièces montées en argent

685 — Dix autres boîtes en écaille incrustée d'argent.

686 — Quatre boîtes en vernis Martin, ornées de sujets et d'ornements.

687 — Quinze couteaux anciens montés en argent.

688 — Deux couteaux Louis XVI en nacre, or et vermeil.

689 — Deux couteaux montés en argent.

690 — Petit poignard oriental, manche en agate.

691 — Couteau de chasse, monture en ivoire et en argent.

692 — Plusieurs boîtes contenant de l'encre de Chine.

693 — Deux bas-reliefs en bronze : l'Amour et Psyché.

694 — Plusieurs lorgnettes en ivoire.

695 — Plusieurs peintures chinoises sur verre.

696 — Encrier en bois marqueté d'étain.

697 — Obélisque en marbre surmonté d'une sphère.

698 — Deux pyramides en marbre assemblé de diverses espèces, monture à perles en cuivre doré.

699 — Grande quantité de médaillons et écrins pour miniatures.

700 — Plus de cent pièces boîtes en écaille incrustée d'argent, d'autres en ivoire, en buis et en matière dure, étuis divers; souvenirs.

701 — Environ vingt cachets en argent et autres.

702 — Croix honorifiques, boussole en argent, salière en émail, mosaïques de Rome, anneaux émaillés, pistolets, etc.

703 — Livre de l'Ancien Testament, très-belle reliure et fermoirs en cuivre doré.

704 — Boîtes à rasoirs, nécessaire de voyage avec ses pièces garnies en argent.

705 — Plusieurs bordures en bois sculpté et doré d'époques diverses.

706 — Deux petits panneaux de voiture : enfants soutenant des armoiries.

Pierres dures, Camées, Intailles.

707 — Un lot de cornalines, agates et autres pierres dures, taillées et polies.

708 — Plus de deux cents pierres gravées, camées, intailles à sujets et à armoiries.

709 — Sous ce numéro les objets omis.

RENOU et MAULDE, imprimeurs de la Compagnie des Commissaires-Priseurs, rue de Rivoli, 144.   15337

un portrait   10

m tableau   24

3 Tableaux   4 50
1 ...   15 ..

4 ...   1 ..
. .....   1 8

1/ ...
1/ ...
1 ...
1 ...
1 ...
1 B...
1 B...
                366 50

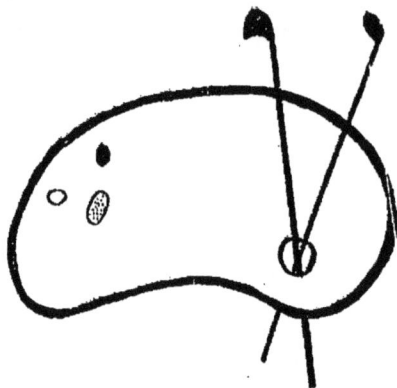

ORIGINAL EN COULEUR
NF Z 43-120-8

www.ingramcontent.com/pod-product-compliance
Lightning Source LLC
Chambersburg PA
CBHW071006280326
41934CB00009B/2194